## Knüpfspaß mit Scoubidou

Scoubidou auch du!

In diesem Buch zeige ich dir, wie du aus bunten Plastikbändern lauter tolle Sachen knüpfen kannst. Mit vier, sechs oder acht Bändern, die mal rund, mal eckig geknüpft werden, gelingen dir Anhänger und Tiere, die du am Rucksack, am Mäppchen, am Handy oder einfach am Schlüssel festmachen kannst. Sogar Freundschaftsbänder und Ketten kannst du selber machen und damit dein Outfit aufpeppen. Wetten, dass alle deine Freunde und Freundinnen sich über die Scoubidous freuen werden?!

Viel Spaß beim Flechten und Knüpfen wünscht dir

Sabine Koch

**MATERIAL**

- Scoubidoubänder mit oder ohne Glitter in verschiedenen Farben und Längen
- Rocailles in verschiedenen Farben, ø 2 mm und ø 2,6 mm
- Holz- und Schmuckperlen in verschiedenen Farben und Größen
- Silberdraht, ø 0,6 mm
- Wackelaugen
- Accessoires wie Schlüsselanhänger, Handy-Ösen, Haarreif und -spangen

**Hinweis: Genaue Materialangaben findest du bei jedem Scoubidou. Alle Farbangaben sind natürlich nur Vorschläge. Wähle deine Lieblingsfarben oder probiere aus, welche Farben am besten zusammenpassen.**

Folgende **WERKZEUGE** und **HILFSMITTEL** benötigst du bei fast jedem Scoubidou. Sie werden daher in den Materiallisten nicht aufgeführt.

- Schere
- Pinzette
- Kneifzange
- Drahtzange
- Alleskleber, z. B. UHU
- Bleistift
- Zahnstocher
- Nadel

## So geht's

Man unterscheidet zwischen rund und eckig geknüpften Scoubidous. Für beide Knüpfarten sind die folgenden Anfänge geeignet.

**Anfang A:** Die Bänder, die du benötigst, auf einer bestimmten Länge einfach zusammenknoten.

**Anfang B:** Beim Knüpfen mit vier oder sechs Bändern um ein Band oder zwei Bänder in der Mitte ein weiteres Band schlingen. So erhältst du vier bzw. sechs Enden.

**Anfang C:** Beim Knüpfen mit acht Bändern vier Bänder ineinander schlingen, so dass du acht Enden erhältst.

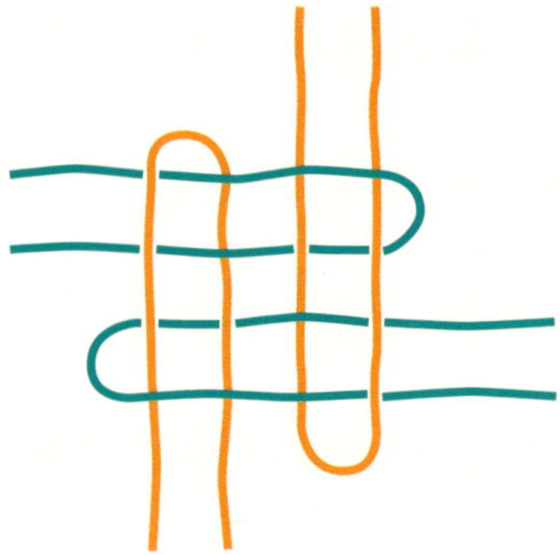

# Technik 1: Eckiges Scoubidou mit vier Bändern

1 Die Bänder durch Anfang A oder Anfang B, Seite 2, miteinander verbinden. Dann die Bänder A und B zwischen den Bändern C und D zu Schlaufen legen.

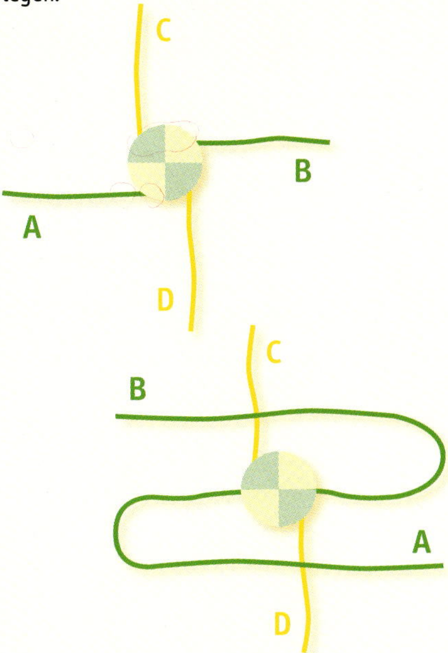


2 Die Bänder C und D in die Schlaufen einfädeln.

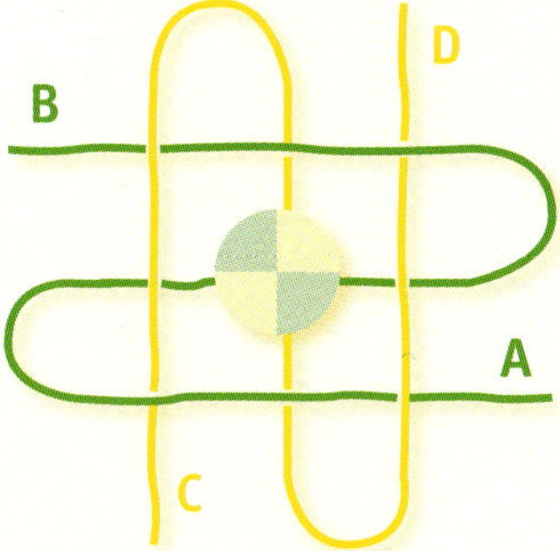


3 Die Bänder festziehen. Es entsteht ein quadratischer Knoten.

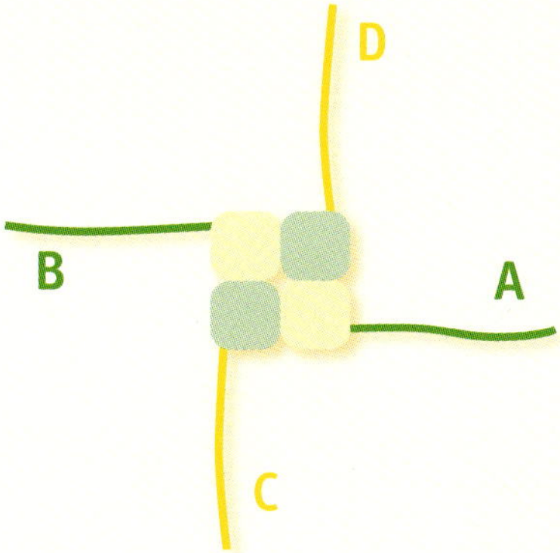


4 Den zweiten und alle weiteren Knoten knüpfst du gemäß der Zeichnung. Damit das Scoubidou eckig wird, musst du darauf achten, dass ein Bandende immer auf dieselbe Seite wie beim vorangegangenen Knoten gelegt wird. So fährst du fort, bis du die gewünschte Länge erreicht hast.

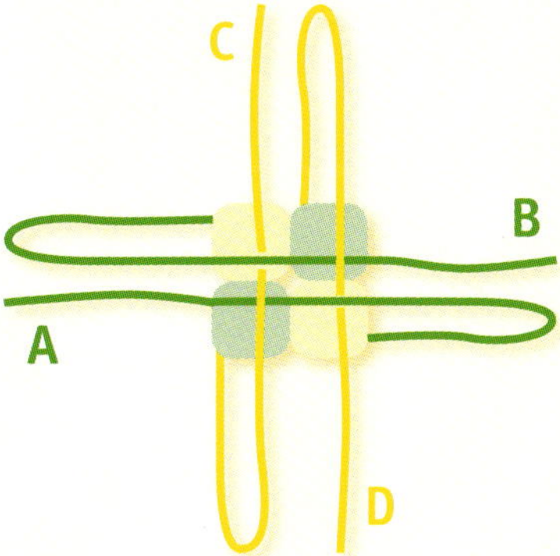

## Technik 2: Rundes Scoubidou mit vier Bändern

1 Die Bänder durch Anfang A oder Anfang B, Seite 2, miteinander verbinden. Der erste Scoubidou-Knoten wird genau wie beim eckigen Knüpfen mit vier Bändern angefertigt. Dann Band C zwischen die Bänder A und D und Band D zwischen die Bänder B und C zu Schlaufen legen.

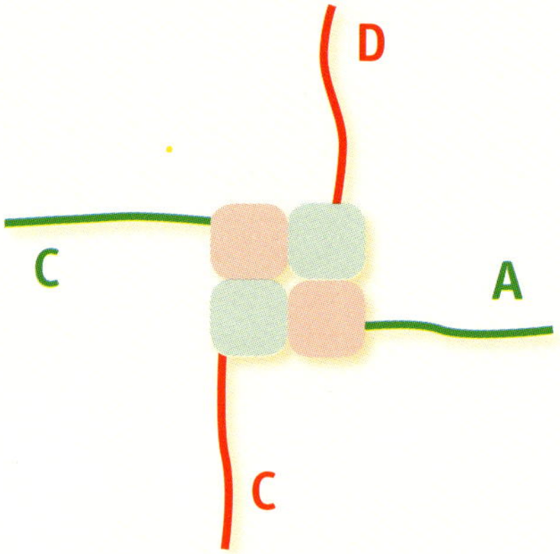


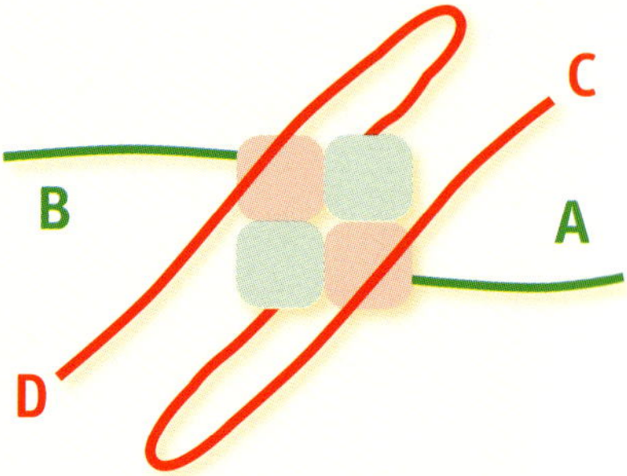


2 Die Bänder A und B durch die Schlaufen fädeln und festziehen. Es entsteht wieder ein Quadrat, jedoch versetzt zu dem darunter liegenden. Dadurch wird das Scoubidou rund. So alle weiteren Knoten knüpfen.
Auf dieselbe Art kannst du auch runde Scoubidous mit acht oder 16 Bändern machen. Dafür nimmst du die Bänder doppelt, z. B. bei der Fliege auf Seite 12, oder vierfach wie bei dem Kraken auf Seite 26.

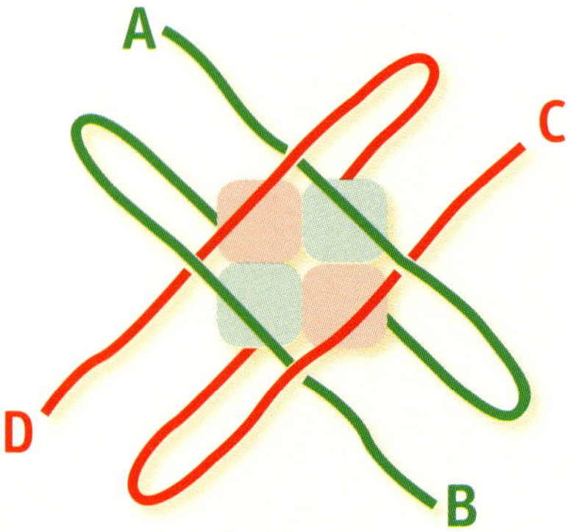

## Technik 3: Rechteckiges Scoubidou mit sechs Bändern

1 Die Bänder durch Anfang A oder Anfang B, Seite 2, miteinander verbinden und über Kreuz legen: Die Bänder C und E zeigen nach oben, die Bänder D und F nach unten, die Bänder A und B nach links und rechts.

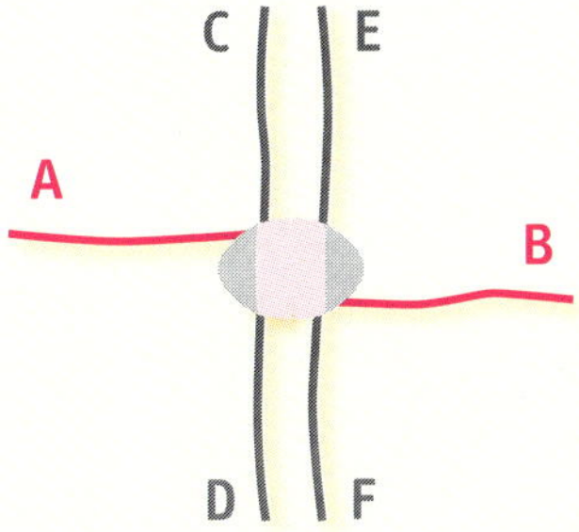


2 Die Bänder A und B über die übrigen Bänder zu Schlaufen legen.

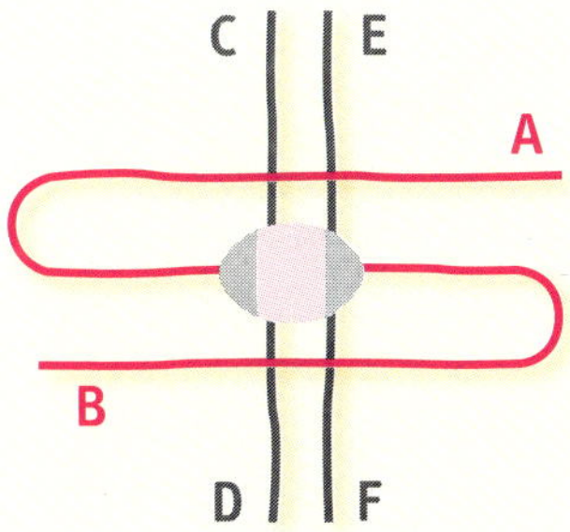


3 Wie beim Weben nun die oberen Bänder C und E und die unteren Bänder D und F in die Schlaufen einflechten.

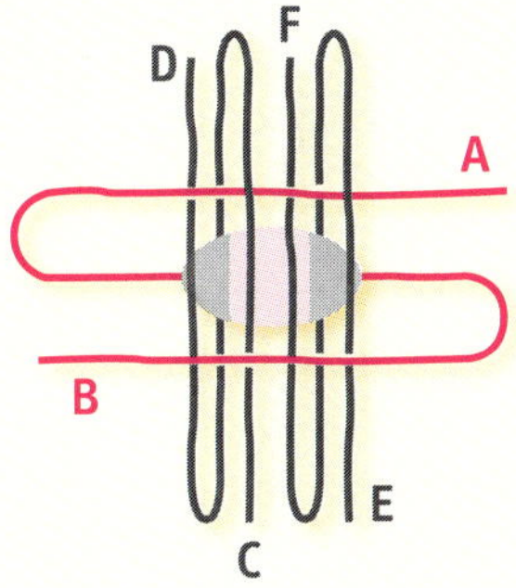


4 Die Bänder festziehen. Es entsteht ein Rechteck aus acht kleinen Karofeldern.

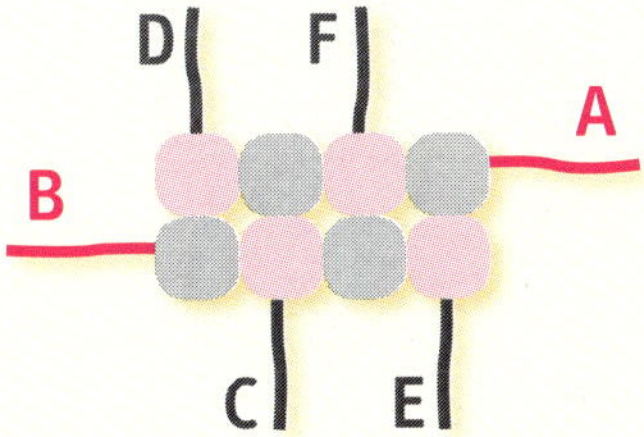


5 Erneut die beiden seitlichen Bänder A und B zu Schlaufen legen und die oberen und unteren Bänder einweben.

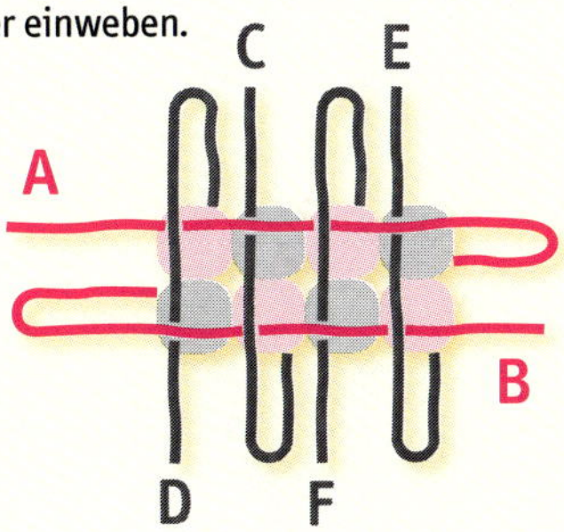

## Technik 4: Quadratisches Scoubidou mit acht Bändern

1 Die Bänder laut Anfang C, Seite 2, verbinden und gemäß der Zeichnung über Kreuz legen.

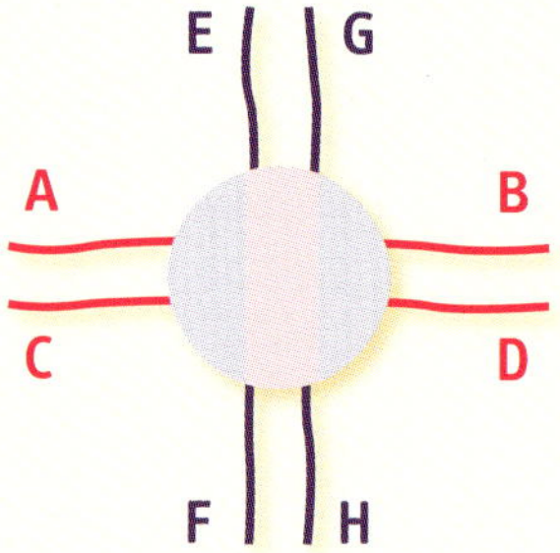


2 Die Bänder A, B, C und D zu Schlaufen legen.

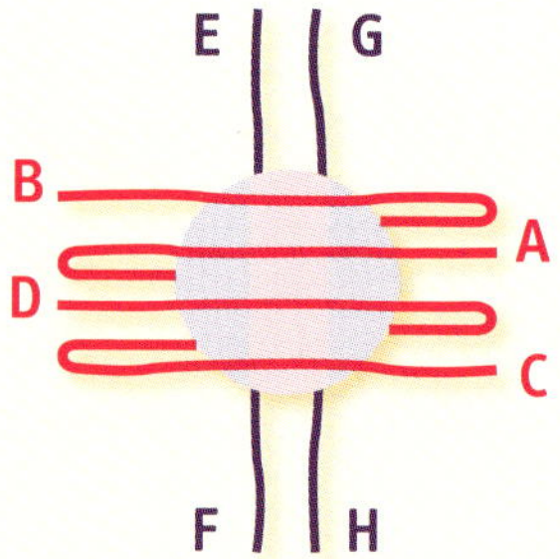


3 Die Bänder E, F, G und H nach und nach in die Schlaufen einweben.

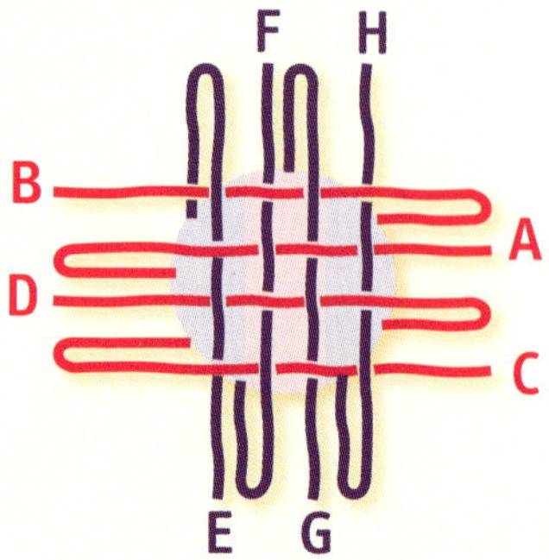


4 Die Bänder festziehen. Es entsteht ein Quadrat aus 16 kleinen Karofeldern.

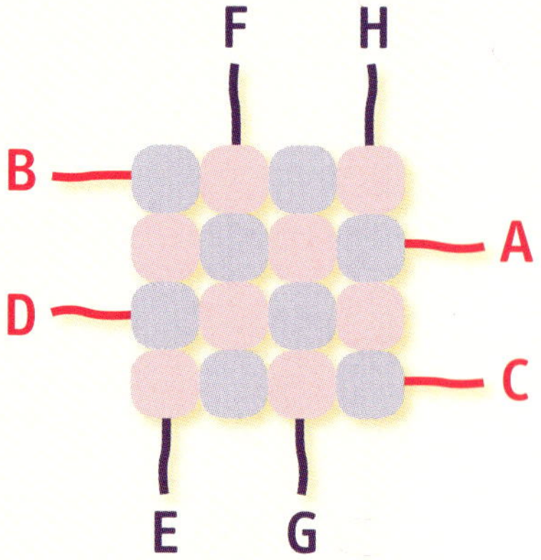


5 Nochmals die Bänder A, B, C und D zu vier Schlaufen legen und die Bänder E, F, G und H einweben. Gut festziehen. So bis zur gewünschten Länge fortfahren.

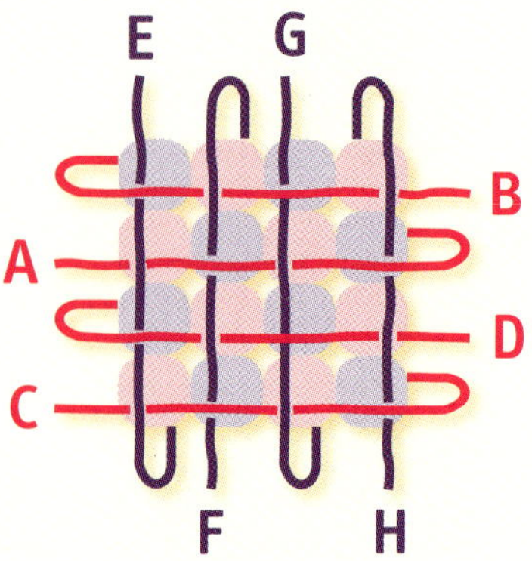

# Allgemeine Tipps

- Die Bänder wirklich fest anzuziehen, ist nicht immer einfach. Ziehe zuerst an allen Bändern möglichst gleichmäßig. Ist das Quadrat oder Rechteck sichtbar, so kannst du stärker ziehen. Manchmal ist es auch notwendig, dass du an einzelnen Bändern stärker ziehst, damit der geflochtene Knoten gleichmäßig wird. Keine Sorge: Die Scoubidoubänder sind sehr robust und reißen nicht so schnell!

- Achte darauf, dass du fettfreie Hände hast, sonst rutschen dir die Bänder aus der Hand und die geknüpften Knoten halten nicht.

- Bei den eckigen Scoubidous musst du besonders darauf achten, dass du die Bänder in der richtigen Reihenfolge legst, sonst löst sich der Knoten auf.

- Außer für die Kette von Seite 29 wurden in diesem Buch nur Bänder mit Hohlraum verwendet. In diesen Hohlraum kannst du dünnen Draht einziehen, so dass sich beispielsweise überstehende Bandenden in alle möglichen Formen biegen lassen. So lassen sich Beine, Fühler, Flügel etc. in Form halten. Außerdem ist es möglich, in die Mitte der Knoten ein Stück Draht mit einzuarbeiten, so dass sich der Scoubidoustrang im Ganzen verbiegen lässt (vgl. die Schlange auf Seite 10).

**Hinweis:** Je nachdem, wie du die Bänder anordnest, entstehen unterschiedliche Muster. In manchen Anleitungen ist angegeben, wie du die Bänder zu Beginn legen musst, um den gezeigten Farbeffekt zu erhalten. Dabei werden zur Orientierung die Himmelsrichtungen genannt.

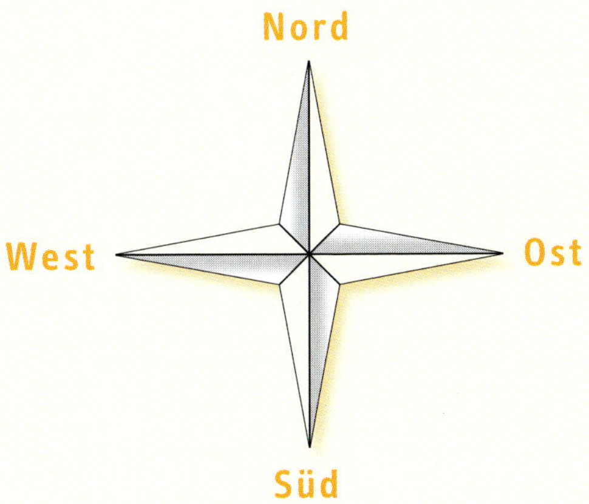


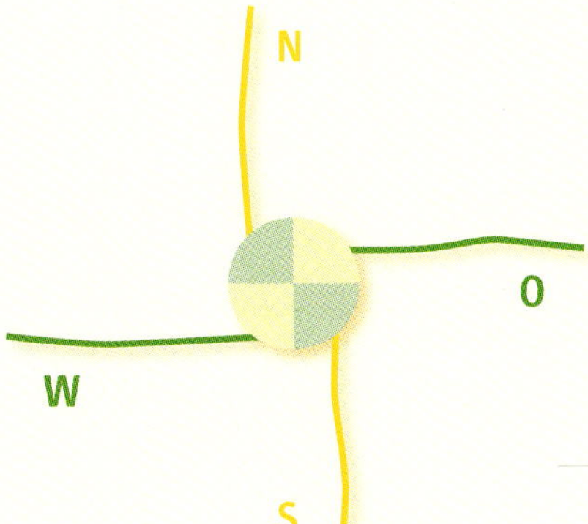

# Zwei Freundschaftsbänder

→ für dich und deine Freunde

**MATERIAL KLEINES FREUNDSCHAFTSBAND**

- je 1 Scoubidouband mit Glitter in Gelb, Blau, Rot und Lila, 1 m lang
- 2 gerillte Holzperlen in Rot, ø 1 cm

**GROSSES FREUNDSCHAFTSBAND**

- je 1 Scoubidouband mit Glitter in Blau, Hellrosa, Gelb und Lila, 1 m lang
- 2 gerillte Holzperlen in Gelb, ø 1 cm
- Schmuckperlen in 6 x Rosa und 1 x Lila, ø 1 cm

## Kleines Freundschaftsband

1 Die Bänder auf der Höhe von ca. 7 cm zusammenknoten.

2 3 cm in Technik 2 (Seite 4) knüpfen.

3 Dann die Lücke für den Verschluss arbeiten: Einen weiteren Knoten knüpfen, ihn nur leicht anziehen und unter ihm einen Bleistift einschieben. Den Knoten festziehen und weitere drei Knoten machen, dann den Bleistift entfernen.

4 Weitere 17 cm in Technik 2 knüpfen. Dann zwei Bänder diagonal verknoten und abschneiden. In eine rote Perle einen Tropfen Klebstoff geben und über die zwei verbliebenen Bänder ziehen. Nach dem Trocknen die Bänder abschneiden. Auf der anderen Seite den Anfangsknoten lösen und ebenso verfahren. Die Lücke dient zum Schließen des Armbandes.

## Großes Freundschaftsband

1 Die Bänder auf der Höhe von ca. 7 cm zusammenknoten.

2 2 cm in Technik 2 (Seite 4) knüpfen.

3 Dann einen Knoten knüpfen, vor dem Festziehen einen Bleistift unter den Knoten legen und dann erst festziehen. Es entsteht eine Lücke. Einige Knoten weiter knüpfen, dann den Bleistift entfernen.

4 Weitere 1,5 cm in Technik 2 arbeiten. Wieder den Bleistift einlegen, so dass eine Lücke entsteht, in die du eine Schmuckperle einschiebst. Nochmals den Knoten nachziehen. So noch sechsmal verfahren.

5 Nochmals 5 cm in Technik 2 knüpfen.

6 Anschließend den Knoten, den du am Anfang gemacht hast, lösen und einmal zwei Bänder diagonal miteinander verknoten. In eine gelbe Rillenperle einen Tropfen Klebstoff geben, über die restlichen beiden Bänder ziehen und diese kürzen. Auf der anderen Seite des Armbandes den Abschluss ebenso fertigen. Zum Verschließen durch die erste Lücke das gegenüberliegende Ende schieben.

**MATERIAL**

**PRO SCHLANGE**

- 6 Scoubidoubänder mit Glitter in Grün, 1,20 m lang
- 2 Wackelaugen, ø 5 mm
- Rocailles in Rot mit Silbereinzug oder opak, ø 2 mm
- Draht, ø 0,6 mm

**PRO KROKODIL**

- 2 Scoubidoubänder in Türkis, 1,20 m lang
- Scoubidouband mit Glitter in Grün, 1,20 m lang
- 2 Wackelaugen, ø 5 mm
- 4 Holzperlen in Grün, ø 6 mm
- 8 Holzperlen in Grün, ø 4 mm
- Draht, ø 0,6 mm

# Reptilien

→ große Schlangen und kleine Krokodile

## Schlange

1 Die Bänder auf der Höhe von 10 cm zusammenknoten.

2 2 cm in Technik 3 (Seite 5) knüpfen. Je ein Band, das nach Süden zeigt und eines, das nach Norden zeigt, miteinander verknoten und abschneiden.

3 Mit den übrigen vier Bändern drei Knoten in Technik 1, Seite 3, knüpfen. Damit sich die Schlange biegen lässt, ein 25 cm langes Drahtstück in die Mitte der Knoten schieben und um den Draht herumknüpfen. Weitere ca. 18 cm in Technik 1, Seite 3, knüpfen. Die Bänder miteinander verknoten und abschneiden.

4 Den Anfangsknoten lösen und wieder ein „Nordband" und ein „Südband" miteinander verknoten. Mit den übrigen vier Bändern zwei Knoten in Technik 1 knüpfen. Die Bänder miteinander verknoten und samt dem Draht abschneiden.

5 Für die Zunge 10 cm Draht mittig durch eine Schlaufe am Kopf ziehen, einige rote Rocailles auf ein Drahtende aufziehen und diesen wieder durch die Rocailles zurückführen. Dabei die erste Rocaille überspringen. Die Drahtenden miteinander verdrehen und kürzen.

6 Zuletzt mithilfe einer Pinzette die Wackelaugen aufkleben.

## Krokodil

1 Die Bänder doppelt nehmen und nach 10 cm zusammenknoten. Du erhältst sechs Enden. Die Schlaufen am Anfang mittig aufschneiden, so dass auch dort sechs Enden überstehen.

2 3 cm in Technik 3, Seite 5, knüpfen. Dabei zeigen je zwei türkisfarbene Bänder nach Norden und Süden, je ein grünes Band mit Glitter nach Westen und Osten.

3 Zwei türkisfarbene Bänder diagonal verknoten und abschneiden.

4 Mit den restlichen vier Bändern 3 cm in Technik 1, Seite 3, knüpfen. Damit sich der Krokodilschwanz biegen lässt, nach zwei Knoten ca. 5 cm Draht in die Mitte der Knoten mit einarbeiten. Dazu weiter um den Draht herumknüpfen. Die Bänder miteinander verknoten und – wie auch den Draht – abschneiden.

5 Den Anfangsknoten lösen und zwei türkisfarbene Bänder miteinander verknoten. Für die Schnauze zwei Knoten in Technik 1 knüpfen. Die Bänder verknoten und abschneiden.

6 Für die Beine mithilfe einer Nadel zwei je 10 cm lange Drahtstücke durch den Körper ziehen. Auf die Drahtenden die Holzperlen auffädeln und den Draht wieder um die Endperle herum durch die Perlen zurückführen. Die Drahtenden miteinander verdrehen und kürzen. Zuletzt die Wackelaugen aufkleben.

**Tipp: Wie du auf dem Foto oben sehen kannst, macht sich das Krokodil auch toll auf einer Haarspange. Metallhaarspangen erhältst du im Fachhandel. Klebe das Kroko am besten mit Sekundenkleber an.**

MT 50
EST. 1969
GAR. JEANS
FRISCH

# Fliege, Schmetterling und Biene

→ was brummt, flattert und summt denn da?

## Fliege

1 Die Bänder gemäß Anfang C (Seite 2) ineinander schlingen.

2 2,5 cm in Technik 2, Seite 4, knüpfen, dabei die Bänder immer doppelt nehmen.

3 Zwei Bänder diagonal miteinander verknoten. Die Enden abschneiden.

4 Klebstoff in die Holzperle geben und auf zwei der übrig gebliebenen sechs Bänder aufziehen. Die zwei Bandenden über der Perle abschneiden.

5 Die restlichen vier Bänder bilden die Flügel. Auf 4 cm kürzen und in jedes ein 10 cm langes Drahtstück ziehen. Den überstehenden Draht durch einen Knoten an der Unterseite ziehen. Anschließend die Drähte verdrehen und abzwicken.

6 Die Wackelaugen und die Rocaille mithilfe einer Pinzette aufkleben. Mit einer Nadel das Gummiband durch eine Schlaufe ziehen, durch die Handy-Öse fädeln und verknoten.

## Biene

1 Die Bänder gemäß Anfang C, Seite 2, zusammenknüpfen. Die schwarzen Bänder zeigen nach Süden und Norden, die gelben nach Westen und Osten.

2 3,5 cm in Technik 2 (Seite 4) knüpfen, dabei die Bänder doppelt nehmen.

3 Danach zwei schwarze Bänder miteinander verknoten und abschneiden.

4 In die Holzperle etwas Klebstoff geben und auf die anderen zwei schwarzen Bänder aufziehen. Die oben herausschauenden Enden als Fühler auf 1 cm kürzen und Draht einziehen.

5 Die vier gelben Bänder auf jeder Seite auf einmal 4 cm und einmal 5 cm Länge kürzen. In jedes Band ca. 10 cm Draht stecken, die Flügel formen und den überstehenden Draht durch einen Knoten an der Unterseite des Bienenkörpers ziehen. Anschließend die Drahtenden miteinander verdrehen und abzwicken.

6 Die Wackelaugen und die Rocaille mithilfe einer Pinzette aufkleben. Das Gummiband um den Hals knoten.

**MATERIAL FLIEGE**

- 4 Scuobidoubänder in Schwarz, 70 cm lang
- Holzperle in Schwarz, ø 1,2 cm
- 2 Wackelaugen, ø 0,3 mm
- Rocaille in Rot, ø 2,6 mm
- Draht, ø 0,6 mm
- Handy-Öse in Schwarz
- Gummiband in Schwarz, ø 1 mm

**BIENE**

- je 2 Scoubidoubänder in Gelb und Schwarz, 1 m lang
- Holzperle in Natur, ø 1 cm
- Rocaille in Rot, ø 2,6 mm
- 2 Wackelaugen, ø 0,3 mm
- Draht, ø 0,6 mm
- Gummiband in Schwarz, ø 1 mm

WEITERFÜHRUNG

# Fliege, Schmetterling und Biene

## Schmetterling

1 Gemäß Anfang B, Seite 2, die langen Bänder umeinander schlingen.

2 2 cm in Technik 2, Seite 4, knüpfen.

3 Für die Flügel in die sechs kürzeren Bänder je 25 cm Draht einziehen, den Draht auf beiden Seiten überstehen lassen. Dann einen weiteren Knoten knüpfen, vor dem Festziehen die sechs kürzeren Bänder mittig dazwischenlegen. Anschließend den Knoten festziehen.

4 Weitere 2 cm in Technik 2 knüpfen.

5 Zwei Bänder verknoten und abschneiden. Für die Fühler die übrigen zwei Bänder auf 4 cm kürzen und jeweils ein ebenso langes Drahtstück einziehen. In die Holzperle einen Tropfen Klebstoff geben und auf die beiden Fühler-Bänder aufstecken.

6 Die kurzen Bänder zu Flügeln formen, die Drahtenden an der Unterseite des Schmetterlings durchziehen. Immer zwei Drähte miteinander verdrehen und kürzen.

7 Die Wackelaugen und die Rocaille auf die Holzperle kleben. Das Gummiband um den Hals binden.

**SCHMETTERLING**

- je 2 Scoubidoubänder in Türkis, 70 cm lang
- je 2 Scoubidoubänder in Türkis, Weiß und Hellblau, 14 cm lang
- Holzperle in Natur, ø 1 cm
- 2 Wackelaugen, ø 0,3 mm
- Rocaille in Schwarz, ø 2,6 mm
- Draht, ø 0,6 mm
- Gummiband in Schwarz, ø 1 mm



# Giraffe

→ mit langem Hals

**MATERIAL**

- je 4 Scoubidoubänder mit Glitter in Gelb und Orange, 1,20 m lang
- Scoubidouband mit Glitter in Braun, 2 x 2 cm und 1 x 10 cm lang
- 2 gerillte Stiftperlen in Gelb, 2 cm lang
- Holzperle in Natur, ø 2 cm
- 2 Wackelaugen, ø 5 mm
- Rocaille in Orange
- Draht, ø 0,6 mm

1 Alle Bänder auf einer Länge von ca. 35 cm zusammenknoten. Zwei orangefarbene Bänder zeigen nach Norden und zwei orangefarbene nach Süden. Nach Westen und Osten zeigen jeweils zwei gelbe Bänder.

2 Für den Körper 2,5 cm in Technik 2 (Seite 2) knüpfen, dabei die Bandenden jeweils doppelt nehmen.

3 Für den Hals in das 10 cm lange braune Band Draht gleicher Länge einziehen. Einen weiteren Knoten knüpfen, vor dem Festziehen das

braune Band hineinlegen. Anschließend den Knoten festziehen.

4 Den Anfangsknoten lösen und die Bänder für die Beine teilen: Auf jeder Seite müssen zwei gelbe und zwei orangefarbene Bänder sein.

5 Aus vier Bändern in Technik 2 je ein Bein der Giraffe knüpfen. Nach zwei Knoten ein ca. 5 cm langes Stück Draht in der Mitte der Knoten mit einarbeiten. Dazu um den Draht auf einer Länge von 3,5 cm herumknüpfen. Die Bänder verknoten und mit dem Draht abschneiden. Die übrigen drei Beine ebenso arbeiten.

6 In die Holzperle etwas Klebstoff geben. Auf einen Strang des 10 cm langen braunen Bandes die Stiftperlen und die Holzperle aufziehen. Das andere Ende kürzen und im Geflecht verbergen. Das Band über der Holzperle auf 2 cm kürzen und ein zweites Stück Band von 2 cm Länge, in das zuvor Draht eingezogen wurde, dazustecken. Die Bandenden um einen Zahnstocher wickeln, so entstehen lustige Kringel.

7 Die Wackelaugen und die Rocaille mithilfe einer Pinzette aufkleben. Für den Schwanz in ein 2 cm langes braunes Band 5 cm Draht fädeln, den überstehenden Draht zwischen zwei Bänder am Hinterteil stecken und miteinander verdrehen. Auch den Schwanz um einen Zahnstocher zum Kringel winden.

# Anhänger in Rosa-Lila

→ farbenfroh

**MATERIAL ANHÄNGER MIT EINGEARBEITETEN PERLEN**

- je 1 Scoubidouband in Rosa und Lila, 1 m lang
- 2 Schmuckperlen in Rosa, ø 1 cm
- Schlüsselanhänger mit Kette

**ANHÄNGER MIT GROSSER PERLE**

- Scoubidouband mit Glitter in Lila, 1 m lang
- Scoubidouband in Rosa, 1 m lang
- Holzschmuckperle in Lila mit bunten Punkten, ø 1,5 cm
- Rocailles in Rosa mit Silbereinzug, Weiß-Perlmutt und Flieder, ø 2 mm
- Draht, ø 0,6 mm, 3 x 12 cm lang
- Schlüsselanhänger mit Kette

## Anhänger mit eingearbeiteten Perlen

1 Die beiden Bänder gemäß Anfang B (Seite 2) umeinander schlingen.

2 3 cm in Technik 2 (Seite 4) knüpfen.

3 Einen Knoten knüpfen und vor dem Festziehen einen Bleistift darunter schieben. Weitere drei Knoten knüpfen und den Bleistift entfernen. Es entsteht eine Lücke.

4 Weitere 1,5 cm in Technik 2 knüpfen und die zweite Lücke arbeiten.

5 Weitere 3 cm knüpfen, die Bänder zusammenknoten und abschneiden. In die Löcher je eine rosa Schmuckperle stecken.

6 Die Öse des Schlüsselanhängers mit der Zange öffnen, durch eine Schlaufe am Ende ziehen und wieder schließen.

## Anhänger mit großer Perle

1 Die beiden Bänder gemäß Anfang B (Seite 2) umeinander schlingen. Das rosa Band zeigt nach Norden und Osten. Das lila Band nach Süden und Westen.

2 3,5 cm in Technik 1, Seite 3, knüpfen.

3 1,5 cm in Technik 2, Seite 4, knüpfen.

4 Es folgen wieder 3,5 cm in Technik 1.

5 Je zwei Bandenden diagonal miteinander verknoten. Dabei den Schlüsselanhänger an der Öse mit einknoten.

6 Am anderen Ende die drei Drahtstücke bis zur Mitte durch ein Band ziehen. Die große Perle auf die sechs Enden auffädeln. Auf fünf der sechs Enden Rocailles aufziehen. Um die Perlen zu fixieren, das Drahtende durch die zweite Perle zurückziehen. Die Drahtenden mit der Kneifzange kürzen.

7 Das übrige Drahtstück zwischen der großen Perle und den Rocaillessträngen um die anderen Drähte winden und durch die große Perle zurückführen, dann abschneiden.

SCHLÜSSEL
STUTTGART

# Blumen

→ an Schlüssel oder Handy

## Blume in Orange-Grün

1 Ein Band durch die Öffnung in der Blüte ziehen, anknoten und das zweite Band gemäß Anfang B, Seite 2, darum herum schlingen.

2 3 cm in Technik 2 (Seite 4) knüpfen.

3 Für die Blätter in das 8 cm lange Band ein Drahtstück einziehen, so dass an beiden Enden je 4 cm herausschauen. Dann den nächsten Knoten knüpfen, vor dem Festziehen das 8 cm lange Band dazwischenlegen. Den Knoten festziehen.

4 1,5 cm in Technik 2 weiterknüpfen. Die Bänder verknoten, dabei den Schlüsselanhänger mit einknoten. Die Bandenden abschneiden.

5 Die Blätter formen und die Drahtenden auf der Rückseite durch eine Knüpfschlaufe ziehen, verdrehen und abzwicken.

## Blume in Blau-Rot

1 Diesen Handy-Anhänger fertigst du wie die Blume in Orange-Grün. Den Stiel auf 4 cm Länge nach Technik 2 (Seite 4) knüpfen.

2 Die Enden auf ca. 3,5 cm kürzen und mit einem Stück rotem Band zusammenbinden. Dabei ein Stück Gummifaden mit einbinden und diesen an der Handy-Öse festbinden. Die Öse hat eine Klebefläche, an der man sie am Handy fixieren kann.

**MATERIAL**
**BLUME IN ORANGE-GRÜN**

- 2 Scoubidoubänder mit Glitter in Grün, 75 cm lang
- Scoubidouband mit Glitter in Grün, 1 x 8 cm lang
- Blumenperle in Orange, ø 3,5 cm
- Schlüsselanhänger mit Kette
- Draht, ø 0,6 mm, 16 cm lang

**BLUME IN BLAU-ROT**

- 2 Scoubidoubänder mit Glitter in Rot, 75 cm lang
- Blumenperle in Blau, ø 3,5 cm
- Gummifaden in Schwarz
- Handy-Öse in Transparent

# Serviettenringe

→ tolle Tischdeko

**MATERIAL**

**RING IN BLAU-WEISS**
- Scoubidouband mit Glitter in Blau, 1 m lang
- Scoubidouband in Weiß, 1 m lang
- Holzblume in Blau-Weiß, ø 1 cm

**RING IN GRÜN-ROT**
- je 1 Scoubidouband in Grün und Rot, 1 m lang
- 6 Rocailles in Gold, ø 2,6 mm
- Olivenperle in Gold, 5 mm lang
- Glöckchen in Gold, ø 1 cm
- Nylonfaden, 20 cm lang

## Ring in Blau-Weiß

1 Die beiden Bänder gemäß Anfang B (Seite 2) umeinander schlingen.

2 1 cm in Technik 1 (Seite 3) knüpfen.

3 Für die Lücke den nächsten Knoten knüpfen, vor dem Festziehen einen Bleistift dazwischenlegen. Anschließend den Knoten über dem Bleistift festziehen. Drei weitere Knoten knüpfen und den Bleistift entfernen.

4 10 cm weiter in Technik 1 knüpfen, die Bänder verknoten und abschneiden.

5 Um den Ring zu schließen, durch die Lücke das andere Ende des Scoubidous stecken. Die Holzblüte aufkleben.

## Ring in Grün-Rot

1 Die ersten drei Schritte wie beim Serviettenring in Blau-Weiß fertigen.

2 Dann 6 cm in Technik 2 (Seite 4) knüpfen. Danach 4 cm wieder in Technik 1 fertigen. Anschließend die Bänder verknoten und abschneiden.

3 Um den Ring zu schließen, durch die Lücke das andere Ende des Scoubidous stecken.

4 Zuletzt den Nylonfaden mithilfe einer Nadel durch ein Scoubidouband ziehen und die Perlen auf beide Fäden gemeinsam auffädeln. Mehrere Knoten machen und das Glöckchen anknoten.

# Eckige Anhänger

→ für coole Jungs und Mädels

**MATERIAL**

**ANHÄNGER GELB-ROT-ORANGE**

- je 1 Scoubidouband mit und ohne Glitter in Gelb, 80 cm, Orange, 70 cm, und Rot, 60 cm lang
- Ringverschluss

**KREIS MIT SCHLEIFE**

- je 2 Scoubidoubänder in Rosa und Schwarz, 80 cm lang
- Schlüsselanhänger mit Kette

## Anhänger Gelb-Rot-Orange

1 Ein Band durch den Schlüsselring ziehen, anknoten und gemäß Anfang B (Seite 2) das andere Band darum schlingen.

2 In Technik 1, Seite 3, 5 cm (rote Bänder), 7 cm (orangefarbene Bänder) und 8 cm (gelbe Bänder) knüpfen.

3 Die Bänder auf 3 cm kürzen und mit einem separaten Bandstück zusammenbinden.

## Kreis mit Schleife

1 Die vier Bänder auf der Höhe von 15 cm zusammenknoten. Je ein rosa Band zeigt nach Norden und Westen und je ein schwarzes nach Süden und Osten.

2 10 cm in Technik 1 (Seite 3) knüpfen.

3 Den Anfangsknoten lösen und die Enden zu einer Schleife binden.

4 Mit einer Zange die Öse am Schlüsselanhänger öffnen, in ein Band einziehen und wieder schließen.

# Quadratische Anhänger



**MATERIAL ANHÄNGER IN BLAU-ROSA**

- je 2 Scoubidoubänder in Rosa und Hellblau, 1,20 m lang
- 8 Holzperlen in Silber, ø 8 mm

**ANHÄNGER IN GRÜN-LILA**

- je 2 Scouidoubänder in Grün und Lila, 1 m lang
- Schlüsselring

## Anhänger in Blau-Rosa

1 Gemäß Anfang C (Seite 2) die Bänder ineinander schlingen. Die rosafarbenen Bänder zeigen nach Westen und Osten, die blauen nach Süden und Norden.

2 6 cm in Technik 4 (Seite 6) arbeiten.

3 Auf jedes Bandende eine Holzperle aufziehen und in unterschiedlicher Höhe einen Knoten anbringen. Die Enden abschneiden. Die Bänder mit je einem Stück rosafarbenem und hellblauem Band am Scoubidou-Ende zusammenknoten.

4 Am anderen Ende ein hellblaues und ein rosafarbenes Scoubidouband von je 10 cm Länge einziehen und verknoten.

## Anhänger in Grün-Lila

1 Die Bänder gemäß Anfang C (Seite 2) ineinander schlingen. Die lila Bänder zeigen nach Norden und Westen, die grünen nach Süden und Osten.

2 5 cm in Technik 4, Seite 6, knüpfen.

3 Die Bandenden auf 5 cm kürzen und mit einem lila Bandstück zusammenknoten.

4 Am anderen Ende einen Schlüsselring befestigen.

**MATERIAL**
**KRAKE**

- 8 Scoubidoubänder mit Glitter in Rosa, 60 cm lang
- 2 Wackelaugen, ø 5 mm
- 8 Holzperlen in Rosa, ø 8 mm
- Draht, ø 0,6 mm, 8 x 6,5 cm lang

# Wasserbewohner

→ von wegen glitschig!

**FROSCH**

- 4 Scoubidoubänder mit Glitter in Grün, 70 cm lang
- Scoubidouband in Türkis, 7 cm und 4 cm lang
- Holzperle in Grün, ø 1,2 cm
- 4 Holzperlen in Grün, ø 8 mm
- 2 Holzperlen in Grün, ø 6 mm
- Rocaille in Schwarz oder Rot
- Draht, ø 0,6 mm
- 2 Wackelaugen, ø 5 mm
- ggf. Haarreif
- ggf. 3 bis 4 Scoubidoubänder in Rot, 1,20 m lang

## Krake

1 Der Krake wird in Technik 2 (Seite 4) gearbeitet, jedoch nimmst du die Bänder doppelt. Die Schlaufen gemäß Anfang C (Seite 2) ineinander schlingen, so dass in jede Himmelsrichtung je vier Bänder zeigen.

2 In Technik 2 vier Knoten knüpfen.

3 Danach zweimal vier Bänder diagonal verknoten und abschneiden. Es bleiben acht Bänder übrig, die auf eine Länge von 6,5 cm gekürzt werden. In jedes Band ein Drahtstück einziehen.

4 Auf die Enden der Bänder je eine Holzperle aufziehen und festkleben. Die Wackelaugen mit einer Pinzette aufnehmen, mit Klebstoff einstreichen und am Kopf platzieren.

## Frosch

1 Die grünen Bänder doppelt nehmen und gemäß Anfang C (Seite 2) ineinander schlingen. Du erhältst je zwei Enden in jede Himmelsrichtung.

2 Zwei Knoten in Technik 4 (Seite 6) knüpfen.

3 In die kurzen Stücke des türkisfarbenen Bandes Draht in der entsprechenden Länge einziehen.

4 Den nächsten Knoten knüpfen, vor dem Festziehen das türkisfarbene, 7 cm lange Band mit Draht dazwischenlegen. Weitere vier Knoten in Technik 4 arbeiten und vor dem nächsten Knoten das 4 cm lange Band mit Draht dazwischenlegen. Anschließend folgen noch drei Knoten in Technik 4.

5 Vier Bänder diagonal miteinander verknoten, darüber zwei weitere Bänder miteinander verknoten. Die verknoteten Bänder abschneiden.

6 In die große Holzperle einen Tropfen Klebstoff geben und auf die beiden verbliebenen Bänder ziehen. Die Bandenden kürzen.

7 Die restlichen Perlen gemäß der Abbildung ankleben.

8 Das Froschmädchen hat einen roten Mund und eine kleine rote Scoubidouschleife am Körper. Besonders schön macht sie sich auf einem Haarreif, der mit mehreren Scoubidoubändern umwickelt wurde.

# Kette

→ für zarte Blumenkinder

**MATERIAL**

- Schmuckdraht in Silber, ø 0,9 mm, 2 x 2 m lang
- Schmuckdraht in Hellgrün, ø 0,9 mm, 2 x 2 m lang
- 10 Blumenperlen in Hellgrün, ø 1 cm
- 10 Blumenperlen in Transparent, ø 1 cm
- Kettenverschluss

1 Die vier Drähte auf der Höhe von 5 cm zusammenknoten.

2 4,5 cm in Technik 2 (Seite 4) knüpfen.

3 Auf die silberfarbenen Drähte je eine transparente Schmuckperle auffädeln. Weiter 2 cm in Technik 2 knüpfen, dann auf die grünen Drähte je eine hellgrüne Schmuckperle fädeln. So fortfahren, bis alle Perlen aufgefädelt sind.

4 Nochmals 4,5 cm in Technik 2 arbeiten.

5 Zwei Drähte diagonal miteinander verknoten und abschneiden. Auf einen der übrigen Drähte eine Öse des Kettenverschlusses fädeln und mit dem übrigen Draht verknoten.

6 Den Anfangsknoten lösen und das andere Teil des Kettenverschlusses ebenso anbringen.

**Tipp: Wie du siehst, kannst du Scoubidous beispielsweise auch aus dünnem Schmuckdraht knüpfen. Er hat den Vorteil, dass er schön dünn und lange genug ist, um eine tolle Halskette aus ihm zu fertigen.**

# Geometrische Schlüsselanhänger

→ nicht nur für den Mathe-Unterricht

**MATERIAL QUADRAT-ANHÄNGER**

- je 2 Scoubidoubänder in Gelb, Rot, Blau und Weiß, 80 cm lang
- Schlüsselanhänger mit Kette

**DREIECKS-ANHÄNGER**

- je 2 Scoubidoubänder mit Glitter in Rosa, Lila und Blau, 70 cm lang
- Schlüsselanhänger mit Kette

## Quadrat-Anhänger

1 Zwei Bänder der gleichen Farbe gemäß Anfang B (Seite 2) umeinander schlingen.

2 1 cm in Technik 1, Seite 3, knüpfen.

3 Einen weiteren Knoten knüpfen, vor dem Festziehen einen Bleistift dazwischenlegen und den Knoten festziehen. Nochmals drei Knoten knüpfen und den Bleistift entfernen. Es entsteht eine Lücke.

4 Weitere 4,5 cm in Technik 1 knüpfen. Die Bänder anschließen verknoten und abschneiden.

5 So alle vier Quadratseiten arbeiten und die Scoubidous zum Quadrat ineinander stecken.

6 Mit einer Zange die Öse am Schlüsselanhänger öffnen, in ein Band an einer Lücke einhängen und wieder schließen.

## Dreiecks-Anhänger

1 Gemäß Anfang B, Seite 2, zwei Bänder in derselben Farbe umeinander schlingen.

2 1 cm in Technik 1 (Seite 3) knüpfen.

3 Den nächsten Knoten knüpfen, vor dem Festziehen einen Bleistift dazwischenlegen und den Knoten festziehen. Zwei weitere Knoten knüpfen und den Bleistift entfernen. Es entsteht eine Lücke.

4 Weitere 4 cm in Technik 1 knüpfen. Immer zwei Bänder diagonal verknoten und abschneiden.

5 Alle drei Seiten auf diese Art und Weise fertigen und die Scoubidous zum Dreieck ineinander stecken.

6 Die Öse am Schlüsselanhänger mit der Zange öffnen, in ein Band in einer Lücke einhängen und die Öse wieder schließen.

# Schlüsselanhänger in Silber-Blau

→ kosmisch

**MATERIAL**

- je 1 Scoubidouband mit Glitter in Blau und Transparent, 1,2 m lang
- Metallperle in Silber mit Mond und Sternen, ø 2,5 cm
- 2 gerillte Holzperlen in Blau, ø 1 cm
- 2 Holzperlenscheiben in Blau, ø 1,2 cm

1 Die Bänder zur Hälfte zusammenlegen und nach 4 cm einen Knoten machen.

2 6 cm in Technik 2, Seite 4, knüpfen.

3 Die Perlen auf die Enden fädeln und in unterschiedlicher Höhe in jedes Band einen Knoten machen. Die überstehenden Bänder abschneiden. Mit einem Stück transparentem Band die Bänder am Ende des Scoubidous zusammenbinden.

4 Den Anfangsknoten lösen und alle Bänder auf die große Perle ziehen. Die große Perle mit einem Knoten festhalten.

Ich danke Karli.

## IMPRESSUM

FOTOS: frechverlag GmbH, 70499 Stuttgart; Fotostudio Ullrich & Co., Renningen
DRUCK: frechdruck GmbH, 70499 Stuttgart



Auflage: 10. 9.
Jahr: 2008 2007 2006 2005 2004 [Letzte Zahlen maßgebend]



ISBN 3-7724-3261-1
Best.-Nr. 3261